Animales
de la
SABANA

Gina Samba • Sara Porras

edebé

¡Bienvenidos a la sabana!

Un paisaje de inmensas llanuras de hierba dorada se extiende ante nuestros ojos. Es tan grande que parece no tener fin. ¿Cuántos animales crees que viven aquí? ¡Miles! Algunos son majestuosos como el **león**, la **jirafa** y el **elefante**, y otros, rapidísimos como el **guepardo**, el **ñu** y el **avestruz**. También los hay torpes y pesados, como el **hipopótamo**, o ágiles y curiosos como los **suricatas**.

¡Empieza la expedición! Ponte un buen sombrero, carga en la mochila unos prismáticos y una cantimplora, y prepárate para explorar los misterios de la sabana.

Extensas praderas de hierba

La **sabana** se caracteriza por extensas praderas de hierba alta, con arbustos y pocos árboles. La hierba da de comer a muchos animales herbívoros, y los árboles, sobre todo las acacias, dan sombra a los leones o a algunos monos, como los babuinos. Los leopardos se suben a ellas para descansar o comer sin ser atacados.

El clima de la sabana es caluroso, típico de las zonas tropicales. Normalmente, hay dos estaciones: una seca y otra de lluvias abundantes. ¿Dónde se encuentra la sabana? La ubicamos en diferentes puntos del planeta, desde la remota **Australia** hasta zonas de **América**, pero sobre todo en **África**, como en el parque nacional del Serengueti, en Tanzania.

sabana
africana

Los grandes herbívoros: elefantes y jirafas

¿Sabías que el **elefante** es el animal terrestre más grande del mundo? Puede llegar a medir hasta cuatro metros de altura, más que una canasta de baloncesto, y tiene dos enormes colmillos. Lo más curioso del elefante es su larga trompa, que utiliza para arrancar hierba o como caña para beber agua. Además, sus grandes orejas le sirven de abanico para soportar mejor el calor.

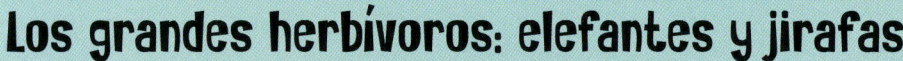

La **jirafa**, como el elefante, es un animal mamífero. Gracias a su larguísimo cuello, llega fácilmente a las copas de las acacias y, con su lengua prensil, de color azul oscuro, casi negro, consigue las hojas más verdes y tiernas. Además, duerme muy poco: va echando cabezaditas de cinco minutos.

Rebaños de ñus y cebras: el tambor de las llanuras

A veces, el suelo de la sabana resuena como un tambor... ¿Qué sucede? ¡Son **ñus** corriendo a gran velocidad! ¡Menudo estruendo!

El ñu vive en rebaños de hasta 400 000 animales, más que el número de espectadores que cabrían en cuatro estadios de fútbol de los grandes. Es un animal herbívoro y se alimenta de hierba fresca; por eso los rebaños se mueven siguiendo las lluvias en busca de nuevos pastos.

Otros grandes herbívoros son las **cebras**, que conocemos por sus características rayas blancas y negras. ¿Sabes para qué sirven? Para despistar a leones, guepardos u otros depredadores: al agruparse, las cebras se confunden unas con otras, y los depredadores no saben dónde acaba el cuerpo de una y empieza el de otra.

Espectaculares migraciones de herbívoros

En la sabana, especialmente en el Serengueti, cada año se produce una de las **migraciones** más espectaculares de todo el planeta. Miles de ñus, cebras y gacelas se desplazan en busca de pastos frescos.

Un rebaño de ñus puede comer hasta cuatro toneladas de hierba al día, pero, como en la sabana la hierba no crece de un día para otro ni los animales tienen una despensa a la que acudir en busca de alimento, necesitan migrar. Es un viaje peligroso, porque los **animales herbívoros** no están solos... Leones, guepardos, hienas, leopardos y cocodrilos están al acecho esperando una oportunidad para cazarlos.

Herbívoro en movimiento, carnívoro contento

Los **animales carnívoros** se alimentan de carne, es decir, cazan y se comen a otros animales. A diferencia de los herbívoros, los carnívoros viven siempre en la misma zona. Son territoriales y marcan su espacio mediante el olor de su orina. Incluso llegan a luchar contra otros de su misma especie para defender su territorio. Además, son astutos cazadores. En el caso de los leones, las hembras son las encargadas de salir a cazar; se organizan entre ellas para atacar desde distintos puntos y, así, acorralar a sus presas.

Temibles félidos: leones y guepardos

El rugido de un **león** se puede oír a ocho kilómetros de distancia. Al atardecer, es cuando está más despierto y merodea por las praderas, buscando una presa. Tiene mandíbulas fuertes y colmillos de unos ocho centímetros. Un león adulto come mucho: ¡entre cinco y siete kilos de carne al día! El león pertenece al grupo de los félidos o felinos y es de los pocos de esta familia que vive en manadas de entre diez y quince miembros.

Otro de los grandes carnívoros de la sabana es el **guepardo,** el animal terrestre más veloz del planeta. Su cuerpo es tan ágil y ligero que, cuando persigue a una gacela u otro herbívoro, puede llegar a los 100 km/h, ¡casi tan rápido como un coche por la autopista!

Carroñeros: hienas y buitres

Las **hienas** son animales carroñeros, es decir, se alimentan de restos de animales muertos. Se parecen a los perros, pero son algo más grandes. Se caracterizan por su ferocidad y pueden romper huesos con sus fuertes mandíbulas. Al ladrar emiten un sonido parecido a la risa. ¿Curioso, verdad? Aunque sean carroñeras, también son astutas cazadoras. Cazan en manada y las hembras son las que mandan.

El **buitre dorsiblanco africano** es otro de los carroñeros por excelencia. Su largo cuello le permite llegar hasta el fondo de la carcasa de los animales muertos. Mide casi un metro de alto y de envergadura, es decir, con sus alas extendidas, más de dos metros. ¡Contemplar su vuelo es impresionante!

Los del río: hipopótamos y cocodrilos

Unos ojos misteriosos sobresalen en la superficie del agua… ¡Son **hipopótamos**! Aunque solamente entreveas su cabeza y hocico, los hipopótamos miden cinco metros de largo y pesan más de cuatro toneladas.

El nombre *hipopótamo* viene del griego y significa 'caballo de río'. Estos animales se pasan horas y horas en el agua. Cuando se sumergen, sus orejas y fosas nasales quedan obstruidas para evitar que les entre el agua. Además, en los ojos también tienen una membrana que les permite mantenerlos abiertos bajo la superficie, como si llevaran gafas de buceo.

Cerca de los ríos, lagos o zonas pantanosas también puedes ver **cocodrilos**. Estos peligrosos reptiles son carnívoros y, gracias a su color marrón o verde oliva, parecen troncos de madera. Es su sistema de camuflaje para cazar durante las migraciones de los grandes rebaños.

Peligrosas serpientes y curiosos anfibios

¡Atención! Hemos entrado en el territorio de la **mamba negra**, una de las serpientes más mortales del planeta. Es un reptil que no se deja ver mucho y solo ataca cuando se siente amenazado. El veneno que inyecta puede matar en menos de veinte minutos si no se dispone del antídoto. Es además muy rápida: se desplaza a 20 km/h.

En la sabana viven también numerosos **anfibios**, como la **rana de junco marmolada** y la **rana toro**. Esta última es una de las más curiosas: es carnívora y puede llegar a pesar un kilo. Aunque es una rana grande, no come gacelas o ñus, sino insectos.

Bonitas aves que pueblan el cielo y la tierra

La sabana también está llena de pájaros; hay cientos de especies que sobrevuelan el territorio. La **grulla coronada cuelligrís** es un ave espectacular; mide un metro de alto, vive en zonas húmedas y construye sus nidos entre la hierba alta. ¿Sabías que en el antiguo Egipto se veneraba a este pájaro? Los arqueólogos han encontrado representaciones suyas en tumbas y sarcófagos.

No podemos pasar página sin hablar del **avestruz**, una especie de ave que, igual que las gallinas, no vuela. Eso sí, ¡es veloz como un rayo! Con una altura de casi tres metros, puede alcanzar los 70 km/h.

Infinidad de insectos de formas y colores diferentes

Hasta aquí hemos conocido muchos animales, pero aún quedan algunos difíciles de ver, porque son pequeñitos: los insectos. Los hay de todas las formas y colores: **escarabajos**, **mariposas**, **saltamontes**, **langostas**... Aunque la mayoría son diminutos, hay excepciones como el **escarabajo goliat**, que mide unos once centímetros: ¡es casi tan grande como la palma de una mano!

Otros insectos fascinantes son las **termitas**, que viven en colonias de millones de ejemplares. Pese a medir tan solo unos milímetros, son capaces de devorar árboles enteros. Los termiteros, donde viven, enriquecen la tierra que los rodea; por eso, las plantas del entorno crecen fuertes y sanas.

Fin del viaje

¡Qué gran expedición! La sabana es sin duda un paisaje asombroso en el que viven miles de animales. Sin embargo, muchos están en grave peligro de extinción. La caza furtiva y la actividad humana han provocado que animales como los elefantes, los leones o, especialmente, los rinocerontes corran el riesgo de desaparecer para siempre.

Afortunadamente, muchas personas trabajan y luchan para que la vida en estos lugares amenazados se recupere y los animales puedan seguir viviendo en libertad. ¡Todos podemos contribuir a mejorar nuestro entorno y hacer de este mundo un lugar mejor!

Curiosidades

El **río Okavango**
no desemboca en el mar,
sino en una llanura del norte
de Botsuana, creando una
zona pantanosa de 240 km
de extensión que da vida
a infinidad de animales.

Las **cebras** emiten sonidos
distintos para comunicarse
entre ellas e incluso adoptan
diferentes expresiones
faciales. También pueden
dormir de pie.

El **estampado
de cada jirafa**
es único, igual que
nuestra huella dactilar.

Las hembras de un mismo
rebaño de **ñus** dan a luz a sus
crías con pocos días de diferencia.
Si nacen muchas
crías a la vez, las probabilidades
de sobrevivir son más altas,
porque los depredadores no
se las pueden comer todas.

¡Los **leones** pueden llegar a dormir (o descansar) hasta 21 horas al día! Solo se levantan para comer y, una vez saciados, se tumban, hacen la digestión, descansan y... ¡a dormir!

¿Sabías que el **ratón pigmeo africano** es uno de los mamíferos más pequeños de la sabana? Es un roedor que mide entre 3 y 6 cm, como la llave de casa.

Las **termitas**, como las abejas o las hormigas, se organizan en colonias con una reina al mando. Esta pone todos los huevos, de los que nacen las larvas, y puede llegar a vivir 20 años.

El **picabueyes piquirrojo**, un pájaro de no más de veinte centímetros, se alimenta de piojos y otros parásitos que encuentra en el lomo de grandes animales como rinocerontes y, sobre todo, jirafas. Además, emite un graznido especial con el que avisa al mamífero si acecha algún peligro. Un caso curioso de colaboración entre especies.

GUÍA DIDÁCTICA

No hay nada más emocionante que leer con los pequeños y pequeñas de la casa y abrirles las puertas a un mundo fascinante a través de la lectura. A continuación, proponemos algunas actividades que se pueden hacer mientras se lee este libro o al acabarlo.

IMAGINAR Y CONVERSAR

Fomentar la imaginación de los pequeños y, después, reflexionar sobre ello les ayuda a despertar su espíritu crítico. Proponemos a continuación algunas preguntas para iniciar el diálogo:

– ¿Te imaginas cómo sería tener una trompa como la de un elefante?
– ¿Qué animal de la sabana te gustaría ser? ¿Por qué?
– ¿Te apetecería pasarte todo el día en el agua como los hipopótamos?
– ¿Conoces algún otro animal que viva en colonias como las termitas? ¿Cuál?
– ¿Has visto alguna vez una rana toro?

TRABAJAR PARA UN MUNDO MEJOR

Como hemos visto brevemente, la sabana y muchos hábitats naturales están bajo la presión del ser humano. Podemos charlar con los pequeños y pequeñas de la casa sobre cuál sería la mejor manera de conservar la fauna y sus hábitats. Es importante exponer la realidad sin generar alarma, charlar para buscar propuestas e imaginar soluciones, partiendo del ejemplo de organizaciones que ya están trabajando para aportar medidas.

También se puede hacer una búsqueda rápida y consultar recursos como los que sugerimos a continuación:

- La Lista Roja de Especies Amenazadas elaborada por el organismo internacional UICN (Unión Internacional para la Conservación de la Naturaleza).
- Webs de zoológicos.
- Publicaciones de organismos internacionales o entidades como *National Geographic*.
- El trabajo de proyectos como Reteti Elephant Sanctuary (Kenia) o Project Rhino (República de Sudáfrica) para la conservación de animales como elefantes y rinocerontes.

Podemos formular preguntas como las siguientes:

– ¿Crees que los animales salvajes deben vivir en el zoo para que podamos ir a visitarlos?
– ¿Cuál sería tu manera ideal de proteger a los animales?
– ¿Qué otros animales crees que podrían estar en peligro de extinción?

© 2026 Grupo Edebé
Paseo de San Juan Bosco, 62,
08017 Barcelona. España
www.edebe.com

Primera edición: enero, 2026

Realización editorial: Somnins
© Texto: Gina Samba
© Ilustraciones: Sara Porras, representada por Tormenta
Asesor: Pere Renom

Dirección editorial de Publicaciones no ficción: Marta Sans

ISBN: 978-84-683-7606-6
Depósito legal: B. 357-2025
Impreso en España.
Printed in Spain